MORITZ MOSZKOWSKI

POLISH DANCES
POLNISCHE VOLKSTÄNZE

op. 55

Piano Duet / Klavier zu 4 Händen

EIGENTUM DES VERLEGERS · ALLE RECHTE VORBEHALTEN
ALL RIGHTS RESERVED

EDITION PETERS

LONDON · FRANKFURT/M. · LEIPZIG · NEW YORK

SECONDO.

I
Mazurka.

M. Moszkowski, Op. 55.

PRIMO.
I
Mazurka.

M. Moszkowski, Op. 55.

SECONDO.

PRIMO.

SECONDO.

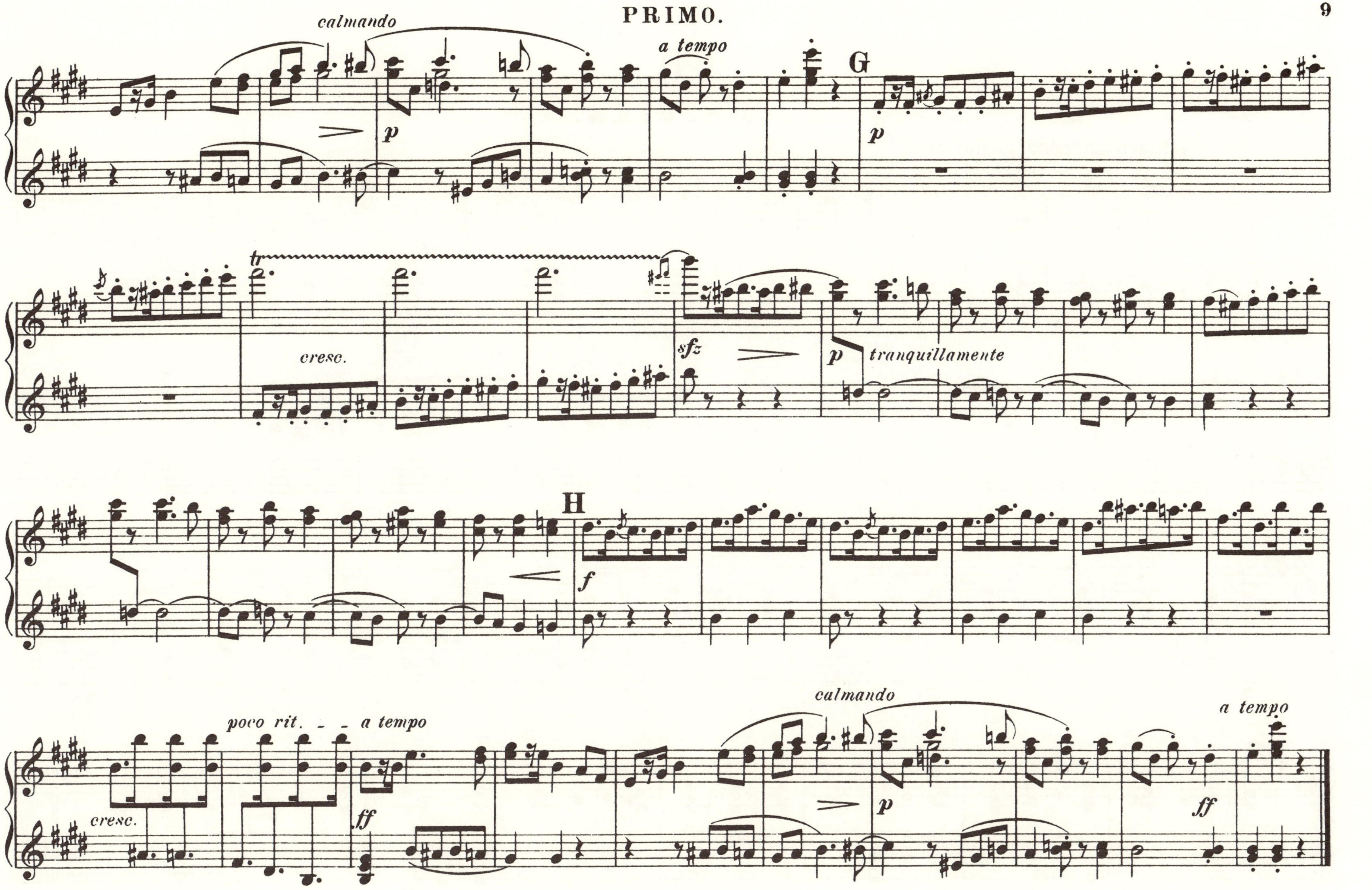
calmando
p
a tempo
G
p
tr
cresc.
sfz
p
tranquillamente
H
f
poco rit. _ _ a tempo
cresc.
ff
calmando
p
ff
a tempo

SECONDO.

II
Mazurka.

PRIMO.

II
Mazurka.

12

SECONDO.

PRIMO.

14
SECONDO.

PRIMO.

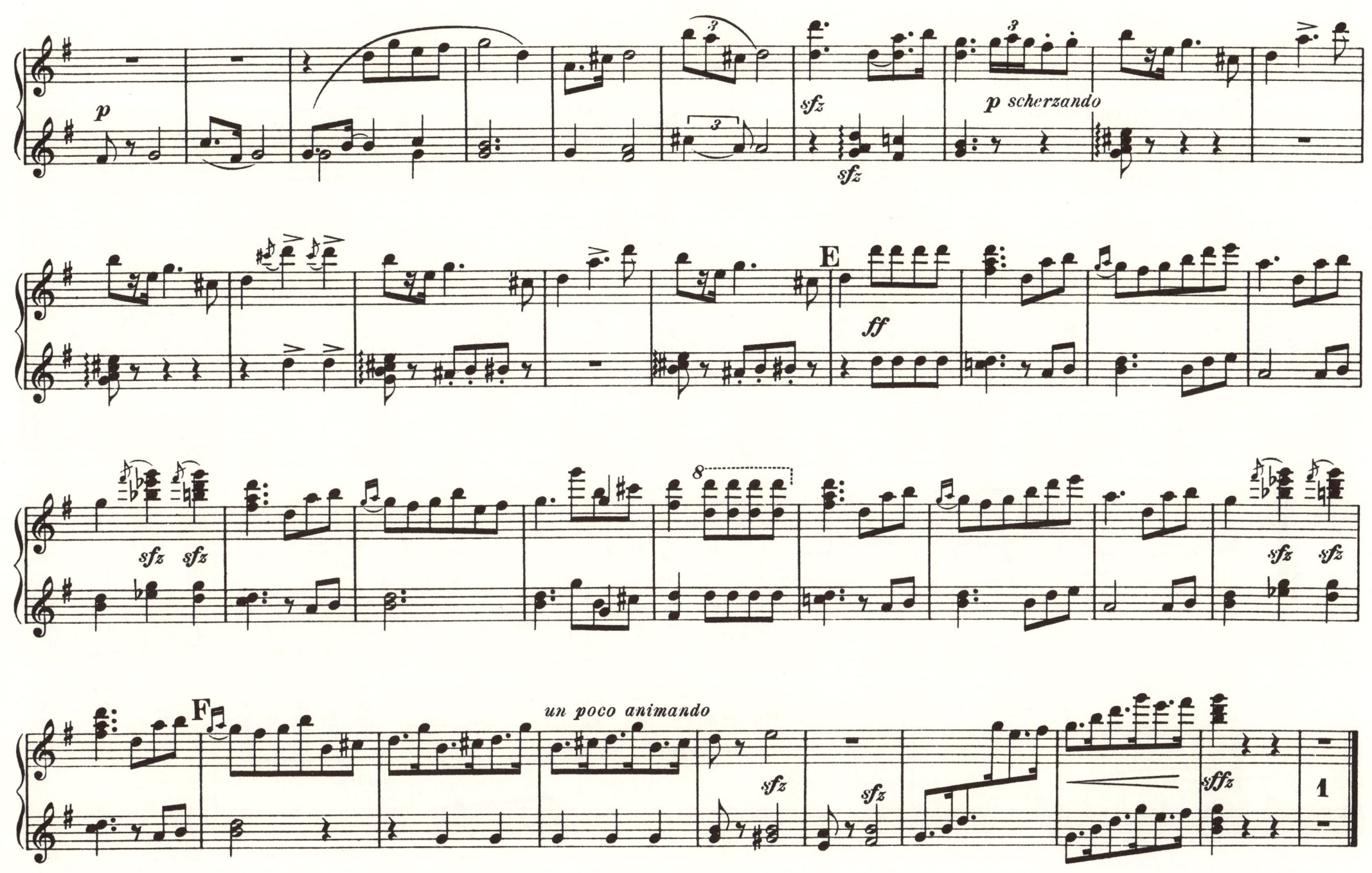

SECONDO.
III
Polonaise.

PRIMO.
III
Polonaise.

18
SECONDO.

PRIMO.

20

SECONDO.

PRIMO.

21

22

SECONDO.

24 SECONDO.

IV
Krakowiak.

PRIMO.

IV
Krakowiak.

SECONDO.

SECONDO.

30 SECONDO.

PRIMO.